생산자와 소비자가 함께 웃는 공정무역 이야기

카카오 농부는 왜 초콜릿을 사 먹지 못할까?

글 카리 존스 | 옮김 현혜진

초록개구리

더불어 사는 지구는 우리가 세계 여러 나라 사람들과 함께 이 지구에서 더불어 잘 살기 위해 생각해 보아야 할 환경과 생태, 그리고 평화 등의 주제를 다루는 시리즈입니다.

A Fair Deal: Shopping for Social Justice
Text copyright © 2017 Kari Jones
First published in Canada and the USA in 2017 by Orca Book Publishers Ltd.
All rights reserved.
Korean translation copyright © 2018 Green Frog Publishing Co.
Korean translation rights arranged with Orca Book Publishers Ltd. c/o
the Transatlantic Literary Agency Inc. through Orange Agency.

이 책의 한국어판 저작권은 오렌지에이전시를 통해 저작권사와 독점 계약한 초록개구리에 있습니다.
저작권법에 의해 한국 내에서 보호를 받는 저작물이므로 무단 전재와 복제를 금합니다.

 차례

들어가는 말 | 이 물건들은 다 어디에서 어떻게 오는 걸까? • 6

1장 왜 공정무역일까?

왜 먼 나라 물건을 살까? • 10
소로 살래, 돈으로 살래? • 12
상인 아저씨, 악어를 조심하세요! • 14
문 앞에 낙타가 나타났다? • 16
증기로 기계를 움직이다 • 17
공장은 위험해! • 19
자기 배만 불리는 공장 • 21
기차와 배에 실려 세계로 • 22
이 초콜릿은 이제 사 먹지 않겠어! • 23

2장 모든 인간은 소중해

불공평해! • 26
한 사람의 공감과 실천이 빚어 낸 기적 • 27
공정무역은 어떻게 이루어질까? • 29
힘을 모아 볼까? • 31
정당한 대가는 마을을 살린다 • 32
더불어 살아가는 공장 • 34
학교에 가게 됐어요! • 35
캔 뚜껑 따개로 전통을 잇다 • 36
환경도 살리고 가난에서도 벗어나다 • 38

마음껏 뛰어놀자! • 40
공정한 세상을 위하여 • 42

3장 방식은 달라도 목표는 하나!

방식도 규모도 제각각 • 44
개미집을 떠올려 봐 • 45
온 마을이 뛰어들다 • 49
협동조합이 꼭 아니어도 돼 • 52
꿈을 이루어 주는 공정무역 • 53
이제 세상에 내놓을 시간 • 53

4장 변화는 내가 만드는 거야

옷을 사고 행복을 선물하다 • 56
입소문이 시작이다 • 58
일상에서 실천하는 방법들 • 59
도전, 공정무역 초콜릿! • 61
공정무역을 가르치는 학교 • 61
여기는 공정무역 마을 • 64
당당하게 요청하자 • 65
공정무역 축구공이 제일 좋아 • 66
함께 만들어 가는 공정한 세상 • 67

사진 저작권 목록 • 68

 들어가는 말

이 물건들은 다 어디에서 어떻게 오는 걸까?

가끔 이런 게 궁금해질 때가 있다. 내가 지금 입고 있는 티셔츠는 누가 만들었을까? 과일 샐러드 안에 든 달콤한 망고는 어디에서 자랐을까? 딱딱한 축구공에 어떻게 촘촘한 바늘땀을 박았을까?

나는 물건들이 어디에서 어떻게 왔는지 늘 궁금했다. 하지만 깊이 생각한 적은 별로 없었다. 그러다 스무 살이 넘었을 때, 아프리카 탄자니아에 놀러 갔다가 어느 협동조합에 들르게 되었다. 협동조합은 여러 사람이 같이 세워서 함께 일하고 이익을 나누는 단체이다. 나는 거기에서 아름다운 나무 장난감과 손바느질 옷을 만드는 수공예 장인들을 만났다.

▲ 탄자니아의 한 협동조합 여성들이 만든 옷을 입은 글쓴이(왼쪽).

그 장인들은 예전에는 길에서 물건을 팔아 하루하루 겨우 살았지만, 협동조합에 가입하면서부터 봉급도 받고 전 세계에 물건을 팔게 되었다고 말했다. 그때 깨달았다. 내가 물건을 사는 순간, 나는 촘촘한 거미줄처럼 서로 이어져 있는 온 세계 사람들과 만나게

▲ 천에 자수를 놓아 장식하는 르완다 수공예가들.

된다는 사실을. 그 뒤 캐나다에 있는 집으로 돌아왔을 때 나는 '가이아 프로젝트'라는 단체에 가입했다. 이 단체는 탄자니아의 수공예 장인들과 같은 전 세계 생산자들과 함께 일하는 곳이다.

나는 단체에서 활동하면서 무역이 어떻게 이루어지는지, 그리고 사람들 삶에 어떤 영향을 미치는지 알게 되었다. 일한 대가를 제대로 치르지 않거나 어린이에게 일을 시키는 공장이 있다는 사실도 알게 되었다. 다행히 세계 곳곳에서 수많은 사람들이 생산자에게 제 몫이 돌아가도록 하기 위해 오늘도 열심히 뛰고 있다. 이제, 이 놀라운 사람들을 만나 보자.

▲ 바구니를 만들려고 야자수 잎을 모으는 잠비아 소녀. 이렇게 만들어진 바구니는 공정무역으로 판매된다.

▲ 다양한 공정무역 수공예품을 구경하고 있는 아이.

1장
왜 공정무역일까?

우리나라에서 우리에게 필요한 모든 것이 생산되지는 않는다. 나라마다 자연환경과 기술이 다르기 때문이다. 그래서 우리는 아주 오래 전부터 나라와 나라 사이에 서로 필요한 것을 사고파는 '무역'을 해 왔다. 그런데 무역을 하는 과정에서 어느 한쪽이 불공평한 대우를 받는다면 어떻게 해야 할까?

왜 먼 나라 물건을 살까?

병 속에 편지를 넣어 강이나 바다에 던지면 어떻게 될까? 누군가 그걸 발견해 편지를 읽을까? 병 속에 편지를 넣어 강이나 바다에 흘려보낸 사람이 누가 그걸 건져 내어 확인할지 궁금해하듯이, 물건을 만드는 사람들은 누가 그 물건을 사서 쓸지 궁금해할 것이다.

재봉사는 자신이 만든 셔츠를 누가 입을지 한번쯤 상상해 볼 것이고, 농부는 자신이 키운 시금치를 누가 먹을지 궁금해할 것이다. 우리는 늘 무엇이든 사기만 하는데 이제 물건을 만드는 사람들에 대해 생각해 보자. 누가 이 물건을 만들었을까? 그 사람은 어디에서 일할까? 몇 살일까?

우리가 바다 건너 먼 나라에서 만든 물건을 사는 이유는 그 나라 물건이

▲ 이 남자아이는 무려 8년 전 바다에 던져진 병과 편지를 발견했다. 이 아이는 아일랜드에 사는데, 편지를 보낸 여자아이들은 캐나다에 산다. 여자아이들은 자신들이 흘려보낸 병 속 편지를 누군가 읽었다는 소식에 무척 기뻐했다.

커피 한 잔을 마시기까지

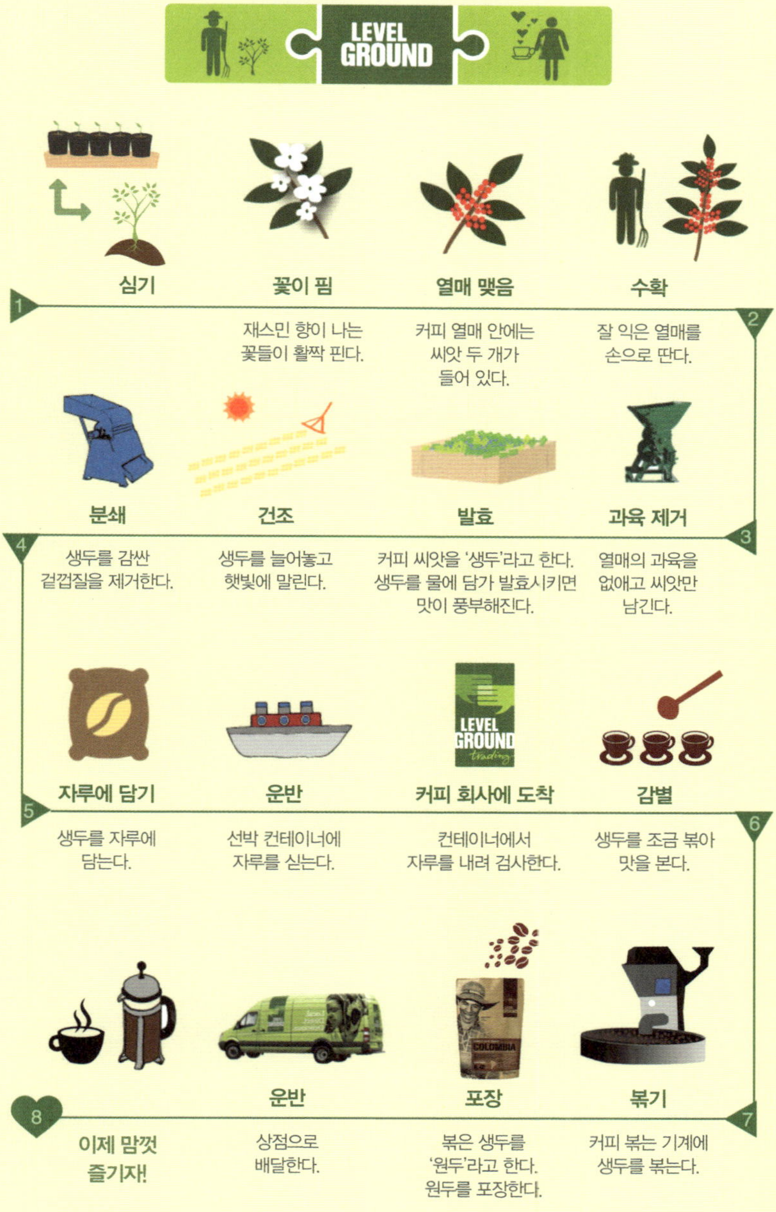

1. 심기

꽃이 핌 — 재스민 향이 나는 꽃들이 활짝 핀다.

열매 맺음 — 커피 열매 안에는 씨앗 두 개가 들어 있다.

2. 수확 — 잘 익은 열매를 손으로 딴다.

4. 분쇄 — 생두를 감싼 겉껍질을 제거한다.

건조 — 생두를 늘어놓고 햇빛에 말린다.

발효 — 커피 씨앗을 '생두'라고 한다. 생두를 물에 담가 발효시키면 맛이 풍부해진다.

3. 과육 제거 — 열매의 과육을 없애고 씨앗만 남긴다.

5. 자루에 담기 — 생두를 자루에 담는다.

운반 — 선박 컨테이너에 자루를 싣는다.

커피 회사에 도착 — 컨테이너에서 자루를 내려 검사한다.

6. 감별 — 생두를 조금 볶아 맛을 본다.

8. 이제 맘껏 즐기자!

운반 — 상점으로 배달한다.

포장 — 볶은 생두를 '원두'라고 한다. 원두를 포장한다.

7. 볶기 — 커피 볶는 기계에 생두를 볶는다.

▲ 캐나다의 공정무역 회사 '레벨 그라운드 트레이딩'이 만든, 커피 한 잔을 마실 수 있게 되기까지 필요한 모든 과정을 담은 표. 커피를 만드는 데에는 이처럼 엄청난 수고가 필요하다.

> **이거 알아?**
>
> 시리아 북부의 고대 도시 에블라에서 처음으로 시장이 열렸다. 기원전 2500년경, 사람들은 은, 목재, 청금석 같은 보석을 거래하기 위해 수백 킬로미터를 오갔다.

더 값싸고 질이 좋기 때문이다. 나라마다 자연환경이나 기술이 달라서 생산되는 것이 다르기 때문에 우리는 서로 필요한 것을 사고판다. 이처럼 나라와 나라 사이에 서로 필요한 것을 사고파는 활동을 '무역'이라고 한다.

경제학자들은 무역이 세 단계를 거친다고 말한다.

1. **생산**: 작물을 기르거나 상품을 만드는 단계.
2. **분배**: 농장이나 공장에서 만든 상품을 상점으로 보내는 단계.
3. **소비**: 사람들이 상품을 사서 먹고, 마시고, 사용하는 단계.

이 모든 단계가 합쳐져 '공급망'을 이루고, 이를 통해 우리는 전 세계 상품을 만난다. 공급망이 어떻게 돌아가는지 공부하면서, 누가 상품을 만들고 그 상품은 어디에서 오는지 알아 보자.

소로 살래, 돈으로 살래?

농산물 직거래 시장에 가면 그날 아침에 딴 싱싱한 과일과 채소로 장바구니를 한가득 채울 수 있다. 이러한 시장은 세계 곳곳에서 수천 년 동안 있어 왔다.

아주 오래 전부터 사람들은 농작물을 심어서 키웠다. 그러면서 시장도 생겼다. 처음에는 시장에 자기 물건을 가지고 나가 필요한 다른 물건으로 바꾸었다. 이것이 '물물 교환'이다. 하지만 물물 교환으로 필요한 물건을 다 얻을 수는 없었다. 어떤 농부가 양

▲ 농산물 직거래 시장에 가면 농부도 직접 만날 수 있고, 싱싱한 과일과 채소도 살 수 있다.

배추를 감자와 바꾸고 싶은데, 감자를 가진 사람이 양배추를 원하지 않으면 어떻게 될까? 이런 일이 벌어지자 사람들은 화폐를 사용하기 시작했다. 처음에는 물건을 맞바꾸는 대신 소나 곡물로 자기가 원하는 것을 샀다. 시간이 지나면서, 나누기 쉽고 가지고 다니기 편하며 썩지도 않는 소금이나 조개껍데기 같은 물건이 화폐로 사용되었다. 약 6,000년 전부터는 금 같은 금속이 화폐로 등장했다.

농산물 직거래 시장은 오늘날에도 열린다. 요즘은 동전이나 지폐, 신용카드로 물건을 산다. 돈이나 신용카드는 소나 금보다 가지고 다니기 편하니 정말 다행이다! 직거래 시장의 공급망은 아주 단순하다. 상품은 농부로부터 소비자에게로 직접 이동한다. 중간에 거치는 곳은 없다. 여기서 소비자란 상품을 먹고 마시고 사용하는 사람이다. 우리처럼 말이다.

상인 아저씨, 악어를 조심하세요!

사람들이 마을이나 작은 도시를 이루어 모여 살면서 지역과 지역 사이에 물건을 사고파는 일이 더욱 활발해졌다. 이에 따라 공급망도 점차 복잡해졌다. 예를 들어, 시리아 서북부에 있는 작은 도시 알레포에는 염소가 많고 누에는 전혀 없었다. 누에를 기르면 누에가 만든 고치에서 실을 뽑아 천을 짤 수 있는데, 그 천이 비단이다.

알레포 사람들은 누에가 없으니 비단으로 옷을 해 입을 수 없었다. 그렇다고 비단을 많이 만들어 내는 중국에까지 가서 사 올 수도 없는 노릇이었다. 알레포 사람들은 누군가를 머나먼 중국으로 보내 비단을 한꺼번에 많이 사 오게 하든지, 아니면 비단이 알레포까지 오게 해야 했다. 이때가 공급망의 2단계인 '분배'가 일어나는 시점이다.

약 4,000년 전에 물건을 사고파는 상

▲ 중국에서 처음 만들어진 비단은 무역을 통해 인도에 전해졌고, 인도 문화의 중요한 요소가 되었다.

▲ 15~18세기에 유럽의 탐험가들은 무역에 대한 기대로 배를 타고 세계를 돌아다녔다.

인이 등장했다. 상인들은 철제 도구부터 옷감에 이르는 온갖 상품을 외딴 곳에까지 실어 날랐다. 북아프리카의 나일강, 서아시아의 티그리스강과 유프라테스강, 인도의 인더스강, 중국의 황하강은 상인들이 주로 다니는 길이었다. 상인들은 멀리 떨어진 지역에 상품을 가져다주기 위해 거센 물살을 헤치고 나아가거나 악어와 맞서 싸워야 했다. 이제 무역은 가까운 두 지역 사람들이 물건을 맞바꾸는

▲ 1700년대에 북아메리카, 오스트레일리아, 뉴질랜드를 항해한 탐험가 중 한 명인 영국인 제임스 쿡.

수준이 아니었다.

수백 년 동안 강과 바다는 세계의 주요 무역로였다. 유럽의 탐험가 페르디난드 마젤란이나 제임스 쿡, 프랜시스 드레이크가 고향으로 돌아올 수 있을지 없을지도 모르면서 배를 타고 유럽 반대편으로 나선 것은 무역에 대한 기대 때문이었다. 그들은 유럽 반대편에서 나는 것을 유럽에 팔고, 유럽 상품을 유럽 반대편에 팔면 부자가 될 거라는 생각에 기꺼이 위험을 무릅썼다. 초콜릿, 설탕, 커피, 향신료, 모피가 바다를 건너 유럽에 이르기까지는 그리 오랜 시간이 걸리지 않았다.

문 앞에 낙타가 나타났다?

무역은 옛날 사람들에게 무척 중요했다. 그래서 몇몇 무역로는 모르는 사람이 없을 정도였다. 튀르키예의 도시 이스탄불의 2,000년 전 모습을 상상해 보자. 저 멀리 중국에서 상품을 싣고 비단길을 통해 이스탄불로 들어오는 상인들이 보인다. 길게 줄지어 선 낙타들이 등에 짐을 한가득 실은 채 광장으로 성큼성큼 걸어 들어온다. 낙타를 몰던 상인들이 짐을 풀어 비단, 향신료, 금덩이를 꺼내 놓는다. 환호하는 사람들 속에 누군가는 손가락으로 자루를 쿡 찔렀다가 운 좋게 달달한 설탕을 맛본다.

무역로는 오늘날에도 있다. 휴대 전화부터 바나나에 이르기까지 수많은 상품을 싣고 바다를 가로지르는 화물선을 떠올려 보자. 옛날에 상인들이 낙타를 몰고 와서 상품을 내려놓았던 이스탄불

▲ 에티오피아의 다나킬 사막에서는 요즘도 상품을 싣고 먼 길을 가는 낙타 떼를 볼 수 있다.

같은 곳은, 오늘날로 치면 우리가 사는 집이 아닐까? 물론 요즘은 낙타가 아니라 배, 비행기, 기차, 트럭 같은 운송 수단으로 상품을 싣고 오지만 말이다. 만일 낙타가 식료품이나 운동화가 든 자루를 등에 싣고 여러분 집 앞에 나타난다면 어떤 기분일까?

증기로 기계를 움직이다

1700년대에 영국에서 증기 기관이 발명되면서 산업혁명이 시작되었다. 시골 사람들이 모두 도시로 몰려들었다. 증기로 기계를 움직이는 공장에서 일하려고 말이다. 상품을 사는 사

▲ 전 세계 상품의 90퍼센트는 배로 운송된다.

람들은 기분이 좋았다. 공장에서 만든 상품은 값이 싸고 구하기도 쉬웠기 때문이다. 1796년에 영국 런던에서 처음으로 백화점이 문을 열었고, 그 뒤로 공장에서 만든 상품을 백화점에서 사는 게 유행이 되었다.

처음에는 공장에서 일하는 사람들도 무척 행복했다. 봉급을 꼬박꼬박 받고, 아이들이 다닐 학교가 있는 도시에 살 수 있었으니까. 하지만 증기로 기계를 움직이는 공장에는 문제가 많았다.

내 가방 속 공정무역

예전에 영국 런던에 갔을 때, 산책하러 나갔다가 곧장 집으로 뛰어 들어온 적이 있었다. 공기 중에 스모그가 잔뜩 끼어 있어, 눈도 따갑고 새카만 콧물도 줄줄 흘러내렸기 때문이다. 스모그는 연기(smoke)와 안개(fog)가 합쳐져 만들어진 말로, 공기 속의 오염 물질이 안개처럼 된 것이다. 20세기 초중반에는 영국의 집이며 공장이며 모두 석탄으로 불을 땠기 때문에 스모그가 더욱 심했다고 한다. 위 사진은 짙은 스모그 사이로 런던의 상징물인 넬슨 기념탑이 희미하게 보이는 1952년의 런던 모습이다. 다행히 요즘 런던 공기는 예전보다 훨씬 나아졌지만, 중국 베이징의 공기 오염은 심각해서 하루에 담배 40개비를 피우는 정도로 폐를 손상시킨다고 한다.

▲ 1908년, 미국 인디애나의 유리 공장에서 일하는 아이들.

공장은 위험해!

공장을 세우는 이유는 상품을 빠르고 싸게 만들기 위해서다. 그러다 보니 공장 주인은 작업 환경에는 크게 신경을 쓰지 않았다. 공장은 고약한 냄새로 가득 차고 어두컴컴해서 위험했다. 주인은 이윤을 더 남기려고 일하는 사람들의 봉급을 점점 깎았고, 일하는 사람들은 먹을 것도 못 살 정도로 적은 봉급을 받게 되었다. 이제는 온 가족이, 심지어 아이들까지 돈을 벌어야 살아 나갈 수 있었다.

공장에서는 기계가 제대로 관리되지 않아 사고가 잦았다. 고장 난 기계를 고칠 때면 아이들이 종종

이거 알아?

1900년에는 미국 전체 노동자의 18퍼센트가 16세 이하였다. 심지어 서너 살짜리 어린아이들이 공장이나 농장, 탄광에서 일하기도 했다.

▲ 미국 버몬트에 있는 공장에서 실 잣는 일을 하던 열두 살짜리 아이.

이용됐는데, 몸집이 작아 어른이 닿기 힘든 위험한 곳에 들어갈 수 있기 때문이다. 증기 기관에서 나오는 연기는 아이들의 폐를 쉽게 망가뜨렸다. 그래서 병에 걸린 아이들이 많았다. 게다가 봉급도 워낙 적어서 가족이 먹고살 만큼 돈을 벌려면 학교에 가는 대신 오랜 시간 일을 해야 했다. 그러다 보니 공장에서 일하는 아이들은 거의 글을 읽을 줄 몰랐다.

내 가방 속 공정무역

우리 가족이 과테말라에서 살던 시절, 공원에서 축구를 하는데 여덟아홉 살 정도 되어 보이는 남자아이들 세 명이 다가왔다. 우리는 자연스레 함께 공을 차며 놀았다. 그 애들은 정말 축구선수 뺨치게 잘했다. 세 살배기였던 아들도 함께 어울려 놀았다. 그런데 얼마 후, 그 애들이 일터에 돌아가야 한다며 떠났다. 한창 공부하고 뛰어놀 나이에 일을 해야만 하는 그 아이들 처지가 안타까웠다.

1802년에야 비로소 영국은 아이들이 공장에서 일하는 시간이 하루에 열두 시간을 넘기지 못하도록 제한하는 법을 만들었다. 1833년에는 공장법이 만들어져서 9세 미만 어린이의 노동이 금지되었으며, 1847년에는 어른도 한 번에 열 시간 이상 일하지 못하게 되었다.

미국에서는 1938년부터 공정근로기준법에 따라서 16세 미만 어린이가 공장과 탄광에서 일하지 못하게 했다. 국제노동기구는 6월 12일을 '세계 어린이 노동 반대의 날'로 지정했다.

자기 배만 불리는 공장

증기 기관으로 돌아가는 기계는 쉬지 않고 움직일 수 있기 때문에, 상품 만들 원료를 끊임없이 대 주어야 했다. 공장 주인은 전 세계 농장에서 설탕, 코코아, 목화 같은 원료를 계속해서 들여왔고, 원료를 들여온 만큼 기계도 더 많이 필요했다.

공장 주인은 기계를 사는 데 돈을 써야 했기 때문에 원료로 쓸 농작물은 아주 값싼 것을 찾아다녔다. 만일 농부가 농작물 값을 비싸게 부른다 싶으면, 공장 주인은 곧바로 다른 농부를 찾아가 흥정해서 농작물을 헐값에 사들였다. 세계 곳곳의 농부들은 공

▲ 1952년 12월에 런던에서 발생한 엄청난 스모그 때문에 약 4,000명이 목숨을 잃었다. 그 뒤로 영국은 대기오염을 규제하는 법을 만들었다.

장 주인의 배만 불려 주고, 정작 자신들은 돈을 벌지 못했다. 부자였던 공장 주인들은 더 부유해지고, 가난한 농부들은 더 쪼들렸다.

게다가 환경도 나빠졌다. 먹성 좋은 증기 기관을 돌리다 보니 나무나 석탄 같은 연료가 엄청나게 들었고, 결국 숲의 온 나무가 잘려 나갔다. 공장의 증기 기관은 숲을 마구 먹어 치우고는 대기 중에 나쁜 연기를 내뿜었다. 사람들은 점점 숨 쉬기가 힘들었다. 공장에서 오염된 물이 나와 강으로 흘러들었다. 공장 기계가 부지런히 돌아가는 동안 세계 곳곳의 숲, 강, 공기는 점점 병들어 갔다.

기차와 배에 실려 세계로

증기 기관은 상품 생산 과정만 바꾼 게 아니라 분배 과정도 바꿨다. 1700년대 말부터 공장 주인들은 증기선이나 기차로 전 세계에 상품을 보내기 시작했다. 그 전에는 빨리 걷기는 하는데 달리지는 못하는 낙타나 좋은 날씨에만 다니는 범선이 주로 이용되었다.

▲ 1861년에 미국의 철도 길이는 5만 킬로미터나 되었다.

공장 주인은 증기선으로 목화, 코코아, 설탕, 커피, 차, 향신료, 목재, 광물 같은 원료를 들여왔다. 그러면 일하는 사람들은 그 원료로 식품을 만들고, 옷을 짜고, 여러 상품을 만들었다. 공장 주인은 완성된 상품을 다른 나라에도 내다 팔았다. 증기 기관을 동력으로 하는 기차와 배 덕분에 전 세계 사람들이 유럽이나 미국, 캐나다에서 만든 상품을 써 볼 수 있었다.

지난 200년 동안, 우리는 한 마디로 '무역 폭발'을 경험했다. 이젠 먼 곳에서 만든 상품을 우리에게 가져다주는 공급망 없는 세상은 상상조차 할 수 없다. 요즘에는 온라인 쇼핑몰이 생기면서 세계 구석구석에서 만든 모든 상품을 내 집에서 더욱 편리하게 살 수 있게 되었다.

이 초콜릿은 이제 사 먹지 않겠어!

오늘날 많은 나라에서 사람들이 안전하게 일하고, 충분한 봉급을 받을 수 있도록 법으로 보장한다. 하지만 모든 나라가 그런 건 아니다. 1980~90년대에 파키스탄에서는 대여섯 살밖에 안 된 아이들이 축구공 만드는 공장에서 시간당 6센트(한국 돈으로 약 60원)라는 쥐꼬리만 한 돈을 받으며 일했다. 2013년, 방글라데시 수도 다카에서는 8층짜리 낡은 건물이 무너지면서 건물 안에서 일하던 2,500명 가운데 1,134명이 목숨을 잃었다.

중국 도시 구이유에는 전 세계 전자제품 쓰레기가 몰려든다. 이곳 노동자들은 버려진 컴퓨터나 휴대 전화, 그 밖의 수많은 가전제품 쓰레기를 분해하면서 납이나 카드뮴 같은 독성 물질에 그대로 노출되고 있다. 이들은 정부로부터 작업 환경이나 방식을 규제하는 법의 보호를 전혀 받지 못한다.

▲ 인도 델리의 직물 공장에서 일하는 아이.

1900년대 중반 즈음 전 세계 많은 사람들이 무역이 이루어지는 방식을 알게 되었고, 큰 충격을 받았다. 사람들은 더 이상 파키스탄 아이가 만든 축구공이나 방글라데시의 끔찍한 작업 환경에서 만들어지는 옷을 사고 싶지 않았다. 또 페루의 농부에게 헐값으로 사들인 카카오로 만든 세계적인 기업의 초콜릿을 먹고 싶지 않았다. 유행 따라 버려지는 전자제품이 중국이나 아프리카에 팔려 쓰레기 산을 이루고 있다는 사실도 알게 되자 깊은 고민에 빠졌다. 그리고 이런 문제 의식을 가진 사람들은 곧 머리를 맞대고 다른 방식의 무역을 생각해 냈다. 그것이 곧 '공정무역'이다.

2장
모든 인간은 소중해

공정무역은 미국의 한 평범한 여성이 처음 싹을 틔웠다. 고작 한 사람의 공감과 실천이 어떻게 공정무역을 전 세계 곳곳으로 뻗어 나가게 했을까? 그리고 이렇게 시작된 공정무역은 사람들에게 어떤 변화를 일으켰을까?

불공평해!

아이들은 집에서 주로 잔심부름을 해서 부모님을 돕는다. 아이들이 할 수 있는 일은 설거지, 이불 정리, 쓰레기 분리배출 정도일 것이다. 만일 아이들 모두 잔심부름을 했는데, 그중 한 아이만 칭찬을 받는다고 치자. 게다가 그 아이만 용돈도 받고, 밤늦게까지 영화도 보고, 저녁 식사 때 더 맛난 음식도 먹는다면? 그건 불공평하다!

그럼 이번에는 아이들 모두 잔심부름을 하고 난 뒤에 열심히 일했다며 다 똑같이 칭찬을 받는다고 해 보자. 아이들 전부 용돈도 받고, 특권도 누렸다고 치자. 그런데 그중 한 아이가 다른 아이들이 모두 꺼리는 일이나 좀 더 힘든 일을 기꺼이 하고 나서 용돈도 더 받고 특권도 더 누린다고 생각해 보자. 이제 공평한 것 같지 않은가?

▲ 함께 일하면 한결 쉬워진다.

공정무역이 바로 이런 것이다. 누구나 한 일을 인정받고 그에 맞게 돈을 받도록 보장하는 것이다. 이를 '사회 정의'라 하며, 모든 사람을 공평하게 대한다는 의미다.

한 사람의 공감과 실천이 빚어 낸 기적

공정무역의 시작은 1946년으로 거슬러 올라간다. 미국인 여성 에드나 루스 바일러는 남아메리카의 푸에르토리코를 여행하던 중, 아름다운 레이스를 짜는 여성들을 만나게 되었다. 에드나는 이 여성들이 무척 가난하게 생활하는 모습을 보고 충격을 받았다. "말도 안 돼! 저렇게 예쁜 레이스를 만들어 팔아도 충분한 돈을 못 벌다니!"

에드나는 레이스를 잔뜩 사 가지고 미국으로 돌아와서는, 차 트렁크에 싣고 다니며 팔기 시작했다. 그렇게 여러 해 동안 레이스를 팔던 에드나는 마침내 '텐 사우전드 빌리지'라는 공정무역 단체를 만들었다. 한 사람의 깨달음과 노력에서 시작된 이 단체는 현재 미국과 캐나다 곳곳에 매장을 열고, 전 세계 여러 공동체에서 만든 공정무역 상품을 팔고 있다.

에드나 루스 바일러는 자신이 살던 지역에 머물지 않고 활동을 전 세계

▲ '텐 사우전드 빌리지'는 전 세계 장인들이 자기 제품을 정당한 값으로 팔도록 도와주고 있다.

▲ 다양한 문화권 사람들이 공정무역을 통해 상품을 판다.

로 넓혀 나갔다. 처음에는 주로 기독교 선교사들이 에드나와 함께했다. 선교사는 여러 나라를 돌아다니며 자신의 종교를 널리 알리는 사람이다. 에드나와 뜻을 같이하던 선교사들은 처음에는 각자 활동하는 나라의 상품을 사서 미국과 캐나다에 있는 교회 신도들에게 팔았다. 그러다가 1960~70년대 들어서면서부터 공정무역 가게를 열기 시작했다.

공정무역에 대한 좋은 이미지가 형성되면서, 공정무역 상품을 판다는 사람이 많아졌다. 그러나 소비자들은 자기가 산 물건이 정말 공정하게 거래된 상품인지 확인할 방법이 없었다. 1988년에

드디어 네덜란드 공정무역 회사 '막스 하벨라르'가 공정무역 상품의 몇 가지 기준을 내놓았다. 그 덕분에 사람들은 공정무역 제품인지 아닌지 확인할 수 있게 되었다. 현재 공정무역을 위해 일하는 단체들이 많은데, 공정무역 원칙에 따라 만들어진 상품에 라벨을 붙여 사람들이 믿고 살 수 있게 돕는다.

이거 알아?

오늘날 미국과 캐나다 사람들은 제2차 세계 대전이 끝난 1945년 무렵보다 50퍼센트 더 많은 상품을 소비한다. 전 세계 사람들이 미국과 캐나다 사람들만큼 물건을 산다면, 지구가 3~5개는 더 있어야 그 많은 물건을 전부 만들 수 있을 것이다!

공정무역은 어떻게 이루어질까?

다른 무역처럼 공정무역도 공급망이 필요하다. 차이가 있다면 공급망에 관련된 사람들이 모두 존중받는다는 점이다. 다시 말해 충분한 돈을 받고, 쾌적하고 안전한 환경에서 일하며, 자기 문화와 전통의 가치를 인정받는다는 얘기다.

공정무역을 위한 일은 종종 서로 다른 나라 사람들이 연결되면서 시작된다. 캐나다 사람 휴고 시로에게도 그런 일이 일어났다. 현재 휴고가 사는 곳은 캐나다이지만, 자란 곳은 콜롬비아다. 휴고는 어렸을 때 콜롬비아 안티오키아산맥에서 할아버지가 운영하는 커피 농장에 자주 갔다. 그곳은 무척 가난한 동네였다.

▲ 공정무역 커피를 파는 휴고 시로가 농장에 직접 가서 생두 말리는 일을 거들고 있다.

▲ 에티오피아 커피 농장에서 생두를 말리는 모습. 커피 열매를 수확해서 생두를 자루에 담기까지 거의 모든 작업이 밖에서 이루어진다.

▼ 공정무역 커피 회사 사람들이 콜롬비아의 커피 농장을 방문했다.

휴고는 캐나다로 이사 온 뒤에 친구들과 함께 '레벨 그라운드 트레이딩'이라는 회사를 차렸다. 휴고의 첫 번째 무역 상대는 안티오키아산맥의 커피 농장 주인들이었다. 휴고의 회사는 사업을 더욱 넓혀 현재는 콜롬비아뿐 아니라 볼리비아, 페루, 에티오피아, 탄자니아, 필리핀과도 거래를 하고 있다.

> **이거 알아?**
> 미국인 대부분은 초콜릿을 1년에 4킬로그램 가까이 먹는다. 초콜릿 원료인 카카오콩의 72퍼센트는 아프리카의 코트디부아르와 가나에서 생산된다.

힘을 모아 볼까?

누구나 제값을 받는 것! 그것이 공정무역의 첫 번째 임무다. 사람들이 위험한 공장에서 적은 돈을 받으며 일한다거나 손수 키운 작물을 마땅한 값에

내 가방 속 공정무역

과테말라에 살 때 공정무역 커피 협동조합을 방문한 적이 있었다. 그곳은 무척 아름다웠다. 집집마다 꽃과 채소가 가득한 텃밭도 딸려 있었다. 하지만 사람들은 협동조합을 운영하기 전까지만 해도 몹시 가난해서 끼니를 거르기 일쑤였다고 내게 말했다. 그곳을 다녀오고부터 나는 꼭 공정무역 커피를 산다. 커피를 자주 마시는 편은 아니지만, 마실 때마다 과테말라의 커피 협동조합에 있던 싱그러운 꽃밭이 떠오른다.

팔지 못한다면, 그 공급망은 불공정한 것이다.

초콜릿의 원료인 카카오콩을 키우는 볼리비아의 한 농부를 떠올려 보자. 농부는 가족과 생활해 나갈 만큼의 값으로 카카오콩을 팔아야 한다. 하지만 장사라는 게 농부의 마음처럼 되지 않는다. 농부는 먼저 카카오를 키우는 그 지역 다른 농부들과 경쟁해야 한다. 그러다 보니 값을 마음대로 부를 수 없다. 카카오콩을 생각보다 싸게 팔고 나면 농부는 카카오 농사를 계속 지어야 할지 망설이게 된다.

오랜 고민 끝에, 농부는 그 지역 다른 농부들과 함께 협동조합을 만들기로 한다. 농부들이 따로따로 경쟁하기보다는 서로 협력하면, 농작물 값을 제대로 받을 수 있고 가족을 먹여 살릴 만큼 벌이도 늘어난다.

정당한 대가는 마을을 살린다

공정무역 단체는 대체로 농부들이 세운 협동조합을 중심으로 일을 벌여 나간다. 공정무역 단체는 농부들이 파는 작물의 품질을 보증하고 제값을 받을 수 있도록 일한다.

공정무역 단체를 통해 농부들의 작물을 사려는 협력업체는 시장 가격보다 좀 더 비싼 가격에 작물을 산다. 농부들이 더 받은 돈 일부는 공동체 기금으로 쓰이는데, 다 같이 이 돈을 어떻게 사용할지 논의해 쓴다.

인도의 다르질링에 있는 '마카이바리 차 농장'을 예로 들어 보

▲ 차 농장에서 찻잎을 따는 여성들. 일일이 손으로 따서 바구니에 담아 중앙 분류 장소로 가져간다.

자. 히말라야 산기슭에 있는 이 농장은 800명이 넘는 일꾼들이 사는 일곱 개의 마을로 이루어져 있다. 이 농장은 공정무역을 통해 차를 팔면서 협력업체로부터 더 받은 돈을 지역 공동체를 위해 사용한다. 도서관을 지어 책과 컴퓨터를 들여놓고, 여자아이들에게 산모와 갓난아기를 돌보는 조산사 교육을 받게 한다. 차 농장 안에 있는 모든 마을에 전기도 놓고, 수세식 화장실도 설치한다.

더불어 살아가는 공장

협동조합과 공정무역의 중심에 농부들만 있는 것은 아니다. 공장 노동자들도 있다. 방글라데시에 있는 '타나파라 스왈로우즈' 공장에서는 200명이 넘는 여성들이 염색한 실로 옷감을 짜고 수를 놓아 옷을 만든다.

이 공장이 세워진 건, 1971년에 일어난 방글라데시 독립전쟁 때 수많은 남성들이 목숨을 잃은 뒤였다. 여성들은 하루아침에 가족을 먹여 살려야 하는 가장이 되었지만, 할 줄 아는 것이라곤 바느질뿐이었다. 그때 한 스웨덴 단체가 이 공장을 세워 여성들에게 일자리를 주고, 300명이 넘는 아이들에게 학비를 지원했다.

인도 델리에 있는 '라이즈라크슈미 면화 공장'도 또 다른 좋은 예이다. 이 공장은 면화를 재배하는 사람들뿐만 아니라 공급망 전체에 공정무역이 이루어지게 하기 때문이다. 이런 공장은 산업혁명 당시의 지저분하고 위험한 면화 공장과는 차원이 다르다!

▲ '파미카페'라는 콜롬비아의 협동조합은 농부의 자녀들에게 장학금을 주고 있다.

학교에 가게 됐어요!

전 세계 농부와 공장 노동자들은 교육이 얼마나 중요한지 누구보다 더 잘 알고 있다. 이 사람들은 자기 아이들에게 꿈과 열정을 펼칠 기회가 주어지길 바란다. 따라서 공동체 기금은 자연스레 아이들 교육비로 쓰일 때가 많다.

콜롬비아에 사는 마틴에게도 그런 일이 생겼다. 마틴은 작은 마을에 있는 커피 농장에서 자랐다. 고등학교에 가고 싶지만, 신발 살 돈도 없는 형편이라 시장에서 땅콩을 팔았다. 그러던 어느 날 마틴은 '파미카페'라는 공정무역 협동조합 이야기를 들었다. 그 협동조합이 장학금을 마련해서 아이들이 학교에 갈 수 있도록 도

35

와준다는 얘기였다. 마틴은 부모에게 그 얘기를 했고, 부모는 곧바로 협동조합에 가입했다. 그 뒤에 마틴은 고등학교에 들어갔고, 지금은 수의사가 되어 협동조합의 가축을 돌보고 있다.

때때로 공동체 기금은 좀 더 소박한 일에 쓰이곤 한다. 마틴이 가입한 협동조합에서는 그 마을 학교 둘레에 울타리를 쳐 주었다. 왜냐하면 소들이 자주 학교 안으로 몰려가서 학교에 설치된 대나무 수도관을 망가뜨리기 때문이다. 울타리 덕분에 동네는 더욱 살기 좋아졌다.

캔 뚜껑 따개로 전통을 잇다

문화를 존중하는 것은 공정무역을 하는 사람들 관계에서 매우 중요하다. 세계 곳곳에는 전통적인 미술품이나 공예품을 만드는 장인들이 많다. 그리고 많은 공정무역 단체가 이런 장인들이 전통문화를 이용해서 생계를 꾸리도록 돕는다.

브라질의 사회적 기업인 '에스까마 스튜디오'는 캔 뚜껑 따개로 만든 공예품을 판다. 이 공예품은 브라질 여성들이 잘 쓰는 코바늘로 캔 뚜껑 따개를 이어 붙여 만든 것이다. 회사

▲ 브라질 여성이 코바늘로 캔 뚜껑 따개를 이어 붙여 공예품을 만들고 있다. 이 공예품은 브라질의 사회적 기업인 '에스까마 스튜디오'에서 판매한다.

이름 에스까마는 포르투갈 말로 '물고기 비늘'이라는 뜻인데, 캔 뚜껑 따개로 만든 공예품이 마치 물고기 비늘처럼 매끄럽게 생겨서 붙인 이름이다.

브라질 사람들은 예로부터 코바늘로 옷이나 일상용품을 만들어 썼다. 요즘은 털실 대신 캔 뚜껑 따개 같은 현대적인 재료를 사용해서 옷이나 팔찌, 핸드백을 만든다. 에스까마의 공예품을 보면 캔 뚜껑 따개가 얼마나 아름다울 수 있는지 감탄하게 된다. 코바늘 뜨기는 집에서도 할 수 있는 일이고, 집에서 일하다 보면 아이들이 옆에서 보고 배우기 때문에 전통문화가 자연스럽게 다음 세대로 이어진다.

내 가방 속 공정무역

과테말라에서 옷감을 짜는 아주머니를 만난 적이 있다. 아주머니는 나무 아래에 앉아 옷감을 짜고 있었다. 실 한쪽 끝은 엉덩이에 감고 다른 쪽 끝은 나무에 감은 채, 자기 몸을 베틀 삼아 옷감을 짰다. 내가 신기해서 바라보자, 아주머니는 "과테말라 전통 기술인데 한번 해 볼래요?" 하고 물었다. 아주머니 도움으로 나도 베틀로 변신하긴 했지만, 솜씨가 영 서툴러 실을 바로 돌려주고 말았다. 내가 짠 엉성한 옷감을 보고는 서로 한바탕 웃었다.

환경도 살리고 가난에서도 벗어나다

사실 마을 공동체가 공정무역에 참여하면서 도움을 받고자 하는 분야는 주로 환경 보호다. 농사지을 땅이 오염되거나 농작물에 줄 물이 화학물질 범벅이라면 농부가 되어 무슨 이득을 보겠는가?

필리핀의 코르딜레라스 지역 주민들은 수백 년 동안 가파른 산등성이에서 벼농사를 지었다. 벼가 산등성이 아래로 미끄러지는 걸 막기 위해 계단식 논을 만들었는데, 마치 나지막하고 평평한 테라스처럼 생겼다. 1995년에 국제연합(UN)은 이 지역을 유네스코 세계 유산으로 지정했다. 이곳 주민들이 살아가는 데 무척 소중한 벼가 자랄 뿐 아니라 매우 아름다운 풍경을 이루는 곳이기 때문이다.

▲ 필리핀 코르딜레라스의 전통 쌀은 크기와 색깔이 다양하다.

주민들의 전통적 농사 방식은 수백 년 동안 쭉 이어져 내려왔지만, 갈수록 쌀 수확량이 줄어들었다. 물 오염 같은 환경 문제 때문이었다. 농부들은 하나둘 농사를 그만두고 돈을 벌기 위해 도시로 나갔고, 남은 사람들은 끝없는 가난에 허덕였다.

이때 '라이스 주식회사'가 이 지역에 세워지면서 공정무역을 시작했다. 이 회사는 코르딜레라스 농부들에게 힘을 실어 주어 쌀 같은 오랜 농작물을

▲ 필리핀 코르딜레라스 지역의 계단식 논. 필리핀은 작은 나라이지만, 최대 쌀 생산국이다.

계속 재배하도록 도왔다.

이들의 도움으로 곧 벼가 무럭무럭 자랐다. 농부들은 농약이나 비료 같은 화학물질을 사용할 필요가 없어졌고, 계단식 논도 지킬 수 있었다. 수확 철에는 집집마다 마당이 말린 벼로 가득 찼다. 어떤 집은 저축할 여유가 생길 만큼 돈도 많이 벌었다. 이제 코르딜레라스의 전통 쌀은 세계로 수출되고 있다. 쌀 색깔이 검은색, 빨간색, 분홍색으로 다양하고 맛도 좋다.

마음껏 뛰어놀자!

어린이는 공장에 있기보다는 학교에 가거나 마음껏 뛰어놀아야 한다. 이것이 공정무역이 지키는 중요한 생각이다. 앞에서 말했듯이, 1990년대에는 대여섯 살밖에 안 된 파키스탄 아이들이 축구공을 꿰매는 공장에서 일했다. 1996년에 국제노동기구는 5~14세의 파키스탄 어린이 가운데 하루 종일 축구공 꿰매는 일을 하는 수가 어림잡아 7,000명이 넘는다고 발표했다. 파키스탄은 전 세계 축구공의 대부분이 생산되는 나라다. 공장 주인들이 어린이를 부리는 이유는 시력도 좋고 손이 작아 축구공을 촘촘하게 꿰맬 수 있기 때문이다. 이런 일은 산업혁명 시절에나 있을 법한 것 아닌가?

파키스탄의 축구공 회사 '텔론 스포츠'는 이를 바

> **이거 알아?**
> 커피, 차, 허브, 코코아, 신선한 과일과 채소, 설탕, 콩, 곡물, 꽃, 견과류, 기름, 버터, 꿀, 향신료, 포도주, 해산물, 옷감, 바디 케어 제품, 금, 귀금속, 다이아몬드, 수공예품, 스포츠 공. 이것들의 공통점은? 공정무역 스티커가 붙은 상품을 만날 수 있다는 점이다.

▲ 많은 사람들이 축구를 하면서 즐거운 만큼, 축구공을 만드는 과정도 즐겁고 공정해야 한다.

꾸기로 했다. 2002년부터 공을 꿰매는 일에 어린이를 고용하지 않았다. 최근에는 공장을 새로 지어 사람들이 밝고 쾌적한 공간에서 일하도록 했고, 정당한 봉급을 주어 어린 자녀들이 일하지 않아도 되게끔 했다.

파키스탄의 여러 공정무역 단체도 마을 공동체를 도와주었다. 그 덕분에 마을 사람들은 깨끗한 물을 마시고, 병원과 탁아시설을 이용하고, 자전거로 편하게 출퇴근할 수 있게 되었다. 물론 아이들은 마음껏 뛰어놀고 학교에도 다닌다.

공정한 세상을 위하여

공정무역은 상품이 생산, 분배, 소비되는 모든 과정에 관련된 사람과 환경을 보호한다. 이 말은 공정무역 상품을 살 때 다음과 같은 사실을 믿어도 된다는 뜻이다. 상품을 만든 공장이나 농장은 어린이에게 일을 시키지 않으며, 일하는 사람들에게 충분한 돈을 주며, 사람들이 사는 환경을 소중히 여기고, 전통문화를 지키려는 사람들을 도와준다는 것!

3장
방식은 달라도 목표는 하나!

공정무역이 이루어지는 모습을 좀 더 가까이 들여다볼까? 온 마을이 함께 생산한 물건을 큰 회사가 받아서 전 세계로 판매하는 커다란 규모에서부터 한두 사람이 만든 물건을 판매자에게 직접 팔아서 소비자를 만나는 작은 규모까지 다양하다. 방식은 다 다르지만, 모두 소중하다!

방식도 규모도 제각각

만약에 세상 모든 신발의 크기가 딱 한 가지라면? 아주 곤란한 상황이 벌어지고 말 것이다! 여섯 살짜리의 발은 아주 작지만, 열 살짜리의 발은 훨씬 크기 때문이다. 그런데 이 두 아이에게 같은 크기의 신발을 신긴다면?

무역도 마찬가지다. 한 그룹에 적용하는 방법을 다른 그룹에도 똑같이 적용할 수는 없다. 카카오 농사를 짓는 사람들과 바구니 짜는 사람들의 일하는 방식은 다르다. 공정무역은 어떤 사람들과 일하느냐에 따라 운영 방식이 달라진다.

공정무역은 방식이나 규모가 제각각이지만 꼭 갖추고 있는 게 있다. 생산자, 즉 상품을 만드는 농부나 공장 노동자들이다. 이들은 공정무역 공급망의 첫 번째 집단이다. 캐나다, 미국, 유럽, 오스트레일리아처럼 시장이 발달된 나라에 사는 사업가들도 빠지지 않는다. 이들은 생산자로부터 상품을 사서 시장이나 온라인에서 판매하는 사람들로, 공급망에서 분배를 맡은 두 번째 집단이다. 그리고 소비자, 그러니까 우리 같은 사람들이 있다. 소비자는 공급망의 마지막 집단이다. 이러한 공급망을 통해, 현재 120개가 넘는 나라의 소비자들이 세계 곳곳에서 생산된 공정무역 상품을 구매하고 있다.

개미집을 떠올려 봐

커다란 공정무역 단체는 거대한 개미 무리 같다. 동물원 곤충관에서 개미집을 본 적이 있다면, 쉽게 그 모습을 떠올릴 것이다. 개미 무리는 중심부에서 멀리 굴을 파 나가 작은 방들을 만든다. 작은 방들

> **이거 알아?**
> 전 세계 농장의 약 85퍼센트는 크기가 2만 제곱미터도 안 된다. 축구장 크기의 겨우 두 배다. 이런 작은 농장들이 전 세계 농산물의 70퍼센트를 생산한다.

▼ 에티오피아 커피 농장에서 일꾼들이 생두를 분류하고 있다. 이들은 작물을 키우고 거두고 분류해서 판매자에게 전달한다.

 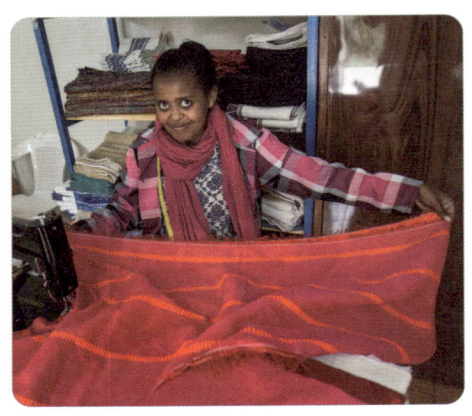

▲ 가방을 만드는 인도 여성들이 공정무역 상점에서 일하는 자원봉사자에게 가방 만드는 법을 설명하고 있다.

▲ 이 옷감은 에티오피아의 공정무역 회사에서 판매할 예정이다.

은 모두 중심부로 이어진다. 규모가 큰 공정무역 조직이 바로 이렇다. 멀리 떨어져 있는 방들은 농장이고, 중심부는 농장에서 생산된 상품이 마지막으로 향하는 협동조합이다.

끈적거리는 벌레 고치를 손으로 긁어모으는 사람들이 있다. 바로 에티오피아의 양잠 농장에서 일하는 농부들이다. 이들은 한마디로 '벌레 농사'를 짓는다. 여러분이 비단 옷을 입고 있다면 벌레의 집을 입은 거나 마찬가지다. 비단의 원료는 '누에'라는 벌레가 만든 고치에서 나오니까 말이다.

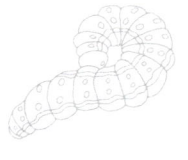

누에고치는 누에가 스스로 실을 토해서 몸 주변을 감싸면서 만든 집이다. 사람들은 누에고치에서 실을 뽑아서 그 실로 천을 짠다. 그것이 바로 전 세계 사람들이 비싼 값을 치르고 살 만큼 좋아하는 비단이다. 비단은 에티오피아를 비롯한 몇몇 나라에 있는 작은 농장에서 만들어진다.

'사바하'는 비단과 면직물을 만드는 회사로, 에티오피아 농부들과 함께하는 공정무역 회사다. 사바하는 시골의 작은 양잠 농장에서 누에고치를 산 다음, 실을 잣는 방적공과 천을 짜는 직조공을 고용하여 비단을 만든다. 방적공과 직조공 중에는 사바하 공장에서 일하는 사람도 있고, 자기 집에서 일하는 사람도 있다. 에티오피아에서 여성은 실을 뽑아 실타래를 만들고, 남성은 그 실로 천을 짠다.

누에고치에서 실을 뽑으면 먼저 염색을 해야 한다. 사바하에서는 꽃과 커피 찌꺼기, 나무 껍질과 뿌리, 곤충을 사용해서 실에 화려한 색을 입힌다. 이 모든 과정은 공장에서 장인들 손으로 이루어

내 가방 속 공정무역

온 가족이 자메이카 농부들의 협동조합에 간 적이 있었다. 그때 우리는 농장 크기가 아주 작아서 놀랐다. 하지만 농부들이 재배하는 작물을 보고는 더 놀랐다. 그 좁은 땅에 온갖 것이 다 자라고 있었기 때문이다. 땅속에는 카사바와 참마가, 땅 위에는 고추와 콩, 녹색 잎채소가 쑥쑥 자랐다. 또 나무에는 파파야와 망고가 주렁주렁 열렸다. 이 작은 농장에서 생산되는 먹거리는 결코 적은 게 아니었다! 농부 한 사람이 우리에게 건네 준 망고는 그야말로 꿀맛이었다.

▲ 사바하 공장에서 만든 천은 수영한 뒤 몸에 걸치기에 안성맞춤이다.

진다. 이렇게 만든 실로 옷감을 짜서 팔 준비를 한다. 그러니 비단으로 만든 옷을 입거나 스카프를 걸쳤다면, 누에의 집과 커피 찌꺼기를 입고 걸친 거나 다름없다.

사바하는 개미집 같은 커다란 공정무역 회사에 속한다. 이곳 생산자인 농부들은 자신이 짠 옷감을 중심부로 보낸다.

온 마을이 뛰어들다

잠비아의 리아무팅가 마을에서는 모든 사람이 바구니 짜는 일에 매달린다. 먼저, 아이들이 밖에서 야자수 잎과 '무켄지'라는 토종 식물의 뿌리를 모아 온다. 그런 다음 어른들과 함께 섬유질을 벗겨 내고 기다란 줄로 만든다. 어른들은 이 줄로 바구니를 짜고, 아이들은 그 모습을 지켜본다. 이런 일이 반복되다 보면, 아이들도 자연스레 바구니 짜는 기술을 배우게 된다.

리아무팅가 사람들은 수백 년 동안 이렇게 살아왔다. 하지만 최근 몇 년 동안은 아이들이 부모를 거들 일이 없었다. 바구니를 사는 사람이 없어졌기 때문이다. 이때 마을 사람들에게 공정무역에 참여할 기회가 우연히 찾아왔다. 한 국제단체 사람들이 리아무팅가 마을에 잠시 들렀다가 멋진 바구니에 끌려 공정무역 사업을 벌이게 된 것이다. 이제 다시 아이들은 신나게 야자수 잎과 무켄지 뿌리를 모으고, 어른들과 함께 바구니를 만든다. 바구니를 팔아 돈을 벌면, 그 돈으로 학교에 다닐 수 있기 때문에 일하는 아이들의 얼굴에 행복한 미소가 가득하다.

▲ 바구니를 짜는 케비 링곰바 만단디.

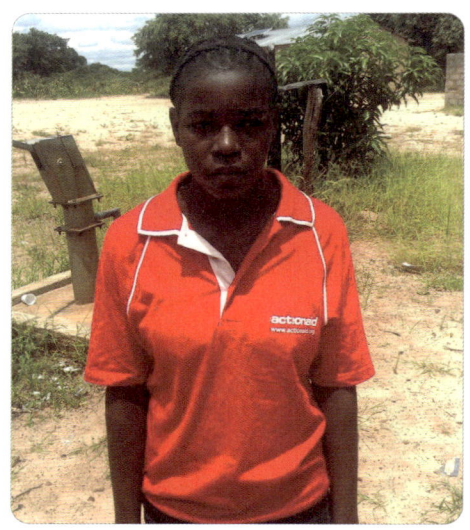
▲ 케비의 셋째 딸 메벨로.

리아무팅가 마을의 케비 링곰바 만단디는 여섯 아이의 아버지로, 바구니 짜는 일을 한다. 케비는 학교를 다니지 못한 탓에 일자리 구하기가 쉽지 않았다. 그러다 보니 케비 가족은 가난에서 벗어나지 못했다.

그런데 마을이 공정무역 사업에 뛰어들면서 바구니를 짜는 일이 많아졌다. 케비는 전보다 수입이 훨씬 많아졌고, 아이들 또한 학교에 보낼 수 있게 되었다.

케비의 셋째 딸 메벨로도 고등학교를 졸업했다. 학교가 꽤 멀었지만 메벨로는 단 하루도 결석하지 않았다. 성적이 좋아서 대학에도 갈 수 있게 된 메벨로는 이렇게 말했다. "모두 아버지 덕분이에요. 아버지가 공정무역 바구니를 만드는 기술자였기 때문에 학비를 낼 수 있었어요. 만약에 아버지가 바구니를 만들어 팔지 못했다면, 난 학교도 못 가고 집에 있어야 했겠죠."

▲ 바구니를 짜는 베트남 여성. 이 바구니는 수상 시장에서 쓰인다.

내 가방 속 공정무역

나는 바구니를 무척 좋아한다. 그래서 몇 년 전 탄자니아 서부에 있는 밀 농장을 방문했을 때, 아름다운 바구니들이 곳곳에 있는 걸 보고 엄청 반가웠다. 일행이 농부들과 밀에 관한 이야기를 나누는 동안, 나는 그곳 여성들과 바구니 이야기로 시간 가는 줄 몰랐다. 그 사람들은 바구니 만드는 법을 나에게 보여 주었다. 그곳에서 산 바구니를 지금도 간직하고 있는데, 바구니를 볼 때마다 그곳 사람들이 얼마나 친절하고 손재주가 좋았는지 떠올리게 된다.

협동조합이 꼭 아니어도 돼

농부나 수공예가라고 전부 협동조합에 가입할 수 있는 건 아니다. 간혹 외딴 곳에 사는 사람도 있고, 남들에겐 없는 특별한 기술을 가진 사람도 있다. 이런 사람들은 협동조합을 만들기가 어렵고, 공정무역 협력업체에 직접 상품을 팔아야 한다.

케냐 나이로비에는 가난한 사람들이 많다. 이들 중에는 손재주가 뛰어나고 상상력이 풍부한 사람들도 있다. 리찌는 구슬로 팔찌와 목걸이를 만드는 케냐의 디자이너이자 예술가다. 어느 날, 누군가 리찌에게 음식을 구걸했다. 그때 리찌는 그 사람에게 정말 필요한 건, 스스로 더 나은 삶을 살 수 있도록 돕는 거라고 생각했다. 리찌는 그 사람에게 길거리에 굴러다니는 비닐봉지를 모아 오라고 했

▲ 바구니 짤 재료를 준비하는 잠비아 아이들.

다. 그리고 비닐봉지로 축구공 만드는 법을 가르쳐 주었다. 그는 비닐봉지로 만든 공을 팔아 먹거리를 살 수 있을 만큼 돈을 벌었다. 이제 그 사람은 리찌와 함께 팔찌 만드는 일을 한다. 물론 축구공도 만든다.

두 사람이 만든 팔찌는 캐나다의 공정무역 판매자를 통해 팔린다. 리찌는 공정무역 협동조합의 회원이 아니다. 이런 형태의 공정무

역을 '직접 무역'이라고 하는데, 상품을 만든 사람이 판매자에게 상품을 직접 보내기 때문이다.

꿈을 이루어 주는 공정무역

많은 사람들이 꿈을 이루기 위해 공정무역 사업에 참여한다. 장애인, 특히 휠체어를 타는 사람들은 일자리를 구하기가 쉽지 않다. 캄보디아의 '빌리지워크'라는 공정무역 단체는 장애가 있는 청년들을 고용해서 옷을 만들게 한다. 최근에는 휠체어를 타는 장애인이 편히 이동할 수 있도록 작업장 구조도 완전히 바꿨다.

이제 세상에 내놓을 시간

지금까지 공급망의 생산 단계에 대해 살펴봤는데, 그럼 분배 단계는 어떨까? 이 단계 또한 분야마다 방식이 다르다.

커다란 공정무역 단체에는 분배와 관련된 일을 하는 사람들이 많다. 이들이 무슨 일을 하는지 살펴보자. 먼저, 생산자로 가서 상품을 검사하고 맛을 본다. 초콜릿을 맛보는 일을 하는 사람은 진짜 행운아다! 이제 이 사람은 알맞은 값을 정하기 위해 협동조합과 협상도 하고 생산자와 친해지려고 노력한다.

그러고 나면, 이번에는 영업자들이 움직일 차례다. 이들은 식료품점이나 상점 주인을 설득해서 공정무역 상품을 사게 한다. 또 상품을 제시간에 상점이나 식료품점에 배달하는 사람들이 있다. 돈을 보내야 할 곳에 제대로 보냈는지 확인하는 회계 전문가들도 있고, 광고를 만들어 홍보하는 사람들도 있다. 이 밖에도 많은 사람들이 다양한 임무를 맡아 분배 단계에서 일하고 있다.

공정무역 규모가 작을수록 전체 과정은 간단해진다. 생산자로부터 상품을 구매한 사람이 박람회나 인터넷에서 직접 소비자에게 물건을 파는 것이다. 잠비아 리아무팅가 마을의 바구니 짜는 사람들은 이런 식으로 물건을 판다. 이들은 해마다 직접 짠 바구니를 공정무역 협력업체에 팔고, 협력업체는 바구니를 공정무역 박람회나 웹사이트를 통해 소비자에게 직접 판다.

4장
변화는 내가 만드는 거야

공정무역이 얼마나 중요한지 알았다고? 그렇다면 이제 실천할 차례다. 세계 곳곳에서 공정무역이 뿌리 내리게 하기 위해 열심히 활동하는 사람들의 이야기를 들어 보고, 우리가 무엇을 할 수 있는지 알아보자. 세계 모든 사람들이 공정하게 대우받는 세상은 바로 우리가 만들어 가는 것이다.

옷을 사고 행복을 선물하다

자, 이제 공급망의 마지막 단계를 이루는 소비자를 살펴보자. 소비자가 누구일까? 물건을 사서 쓰는 우리가 소비자다! 지구촌 모든 사람을 존중하고 각자에게 제 몫이 돌아가도록 하는 공정무역을 위해서 소비자인 우리는 무슨 일을 할 수 있을까? 차근차근 함께 알아보자.

우리는 전 세계 사람들과 얼마나 연결되어 있을까? 어려운 질문이지만 쉽게 알아보는 한 가지 방법이 있다. 바로 옷장을 열어 보는 것! 옷 상표에는 대부분 원산지가 표시되어 있다. 옷이 상표를 통해 들려주는 이야기에 귀를 기울여 보자. 세계 지도를 벽에 붙이고 내 옷장에 있는 옷들의 원산지를 핀으로 표시해 보자. 핀이 어디에 얼마나 꽂힐까?

대규모 다국적 기업의 옷들은 가난한

▲ 옷장 속 옷들의 상표를 보면 우리가 얼마나 많은 지역과 연결되어 있는지 알 수 있다.

▲ 우간다의 공정무역 상품이 캐나다의 한 도시에서 '직접 무역'을 통해 판매되고 있다.

나라 사람들의 희생으로 만들어진 경우가 많다. 적은 돈을 받고 형편없는 환경에서 종일토록 일한 결과물인 것이다. 이런 사실을 알았다면, 지금부터는 옷을 살 때 모양뿐 아니라 옷이 만들어지는 환경이나 조건에도 관심을 가지자. 아직 우리 주변에 공정무역 상품을 파는 상점이 드물지만, 인터넷이나 책을 찾아보면 그런 곳들을 쉽게 찾을 수 있다. 내가 돈을 조금 더 내고 산 옷이 누군가를 더욱 풍요롭고 행복하게 만들 수 있다!

▲ 우간다의 화려한 바구니들 덕분에 진열장이 환해 보인다.

입소문이 시작이다

자신이 알게 된 공정무역 이야기를 다른 사람들에게 퍼뜨리는 것도 좋은 방법이다. 입소문을 내는 건, 공정무역 운동을 널리 알리는 데 큰 도움이 된다. 공정무역 가게나 인터넷 사이트를 찾았다면, 그곳에서 파는 물건이나 가게를 사진으로 찍어 두자. 그리고 친구들이 볼 수 있도록 사회관계망서비스(SNS)에 올리자.

이 외에도 우리가 공정무역을 알릴 수 있는 방법은 많다. 학교 소식지에 공정무역에 관한 글을 싣거나, 공정무역 홍보물을 만들어 학교나 단골 가게, 인터넷 사이트에 공유할 수도 있다. 미국의 한 고등학교 학생들은 크리스마스에 공정무역과 관련된 캐럴을 불렀다. '메리 크리스마스' 대신 '공정무역 크리스마스'라고 가사를 바꿔서 부르자, 지나가던 사람들이 걸음을 멈추고 이것저것 물어봤다. 학생들은 이런 방법으로 공정무역을 알렸고, 지금도 즐겁게 활동하고 있다.

공정무역 상품은 쉽게 확인할 수 있다. 공정무역 단체는 옷이나 식품, 물건들에 상표를 붙여 공정하게 거래되었다는 것을 확인해 준다. 포장지에 '공정무역(Fair Trade)'이라고 적혀 있으면 공정무역의 길을 통해 온 것이다. 공정무역 가게에서 공정무역 홍보 스티커를 구해 가방이나 자전거,

▲ 공정무역 상표가 붙어 있는 바나나. 단체마다 상표 모양은 제각각이지만, '공정무역(Fair Trade)'이란 글자는 전부 들어 있다.

스케이트보드에 붙이는 것도 다른 사람들에게 공정무역을 알리는 멋진 방법이다.

일상에서 실천하는 방법들

공정무역 제품으로 음식이나 생필품을 만들어서 다른 사람들과 나누는 방법도 있다. 캐나다에 사는 에이버리 제인은 손재주가 뛰어나다. 열 살 때부터 머리카락과 피부에 바르는 크림을 직접 만들었을 정도다. 에이버리는 공정무역 시어버터와 밀랍, 코코아 버터 등을 사서 골고루 섞은 다음 천연 향료를 넣어서 향긋한 수제 크림을 완성했다. 에이버리는 이렇게 말했다. "재료를 살 때는 공정무역 상품을 찾아다녔어요. 상품을 만들면서 고통 받는 사람이 없기를 바랐으니까요."

이제 청소년이 된 에이버리는 공정무역 코코아와 코코넛 오일, 그 밖의 다른 재료를 함께 사용해서 맛있는 컵케이크도 만든다.

이처럼 빵을 굽거나 물건을 만들 때, 재료를 쭉 적은 다음 공정무역 가게에서 살 만한 것을 찾는 습관도 바람직하다. 그리고 만든 음식과 물건을 혼자서 누리는 것도 좋지만, 이웃이나 친구들에게 나눠 주거나 학교 행사 혹은 바자회에서 공정무역을 알리며 판매하면 더욱 좋다.

▲ 공정무역 제품으로 화장품을 직접 만드는 캐나다 소녀 에이버리 제인.

▲ 쉽게 구할 수 있는 공정무역 초콜릿, 캐러멜, 소금.

각자 음식을 가져가야 하는 파티에 초대받았을 때, 공정무역 재료로 만든 음식을 가져가서 다 함께 즐긴다면 맛도 의미도 있는 값진 시간이 될 것이다.

밸런타인데이 때 선생님이나 반 친구들에게 공정무역 초콜릿을 나눠 주기, 핼러윈과 친구 생일에 공정무역 사탕이나 캐러멜, 수공예품을 선물하기 등 우리가 일상 속에서 공정무역을 실천할 수 있는 방법은 아주 많다.

내 가방 속 공정무역

어느 날 식료품점에 갔을 때 카트에 물건을 담으면서 원산지가 어딘지, 공정무역 제품인지 꼼꼼히 살펴보았다. 놀랍게도 칠레나 이스라엘, 인도 같은 먼 나라에서 만든 제품이 제법 많았다. 하지만 공정무역 제품은 별로 없었다. 그래서 이제부터는 공정무역 제품을 찾아서 사기로 했다. 요즘 공정무역 바나나와 쌀을 샀고, 다른 것도 계속 찾고 있다. 사진은 우리 집 찬장에서 찾아낸 공정무역 식품들이다.

도전, 공정무역 초콜릿!

2016년, 캐나다의 걸스카우트 조직인 '걸 가이드'는 공정무역 초콜릿에 대해 배우는 '도전, 공정무역 초콜릿' 행사를 열었다. 이때 학생들은 초콜릿이 어디에서 왔는지, 누가 만들었는지 알아보았다. 공정무역 초콜릿을 사는 것이 왜 중요한지, 초콜릿 선물을 고를 때 어떤 상표를 찾아야 하는지도 배웠다. 그런 다음 초콜릿을 직접 만들어 먹었다.

동아리나 스포츠 팀에서 활동한다면 '공정무역의 날'이라는 행사를 열어 보자. 캐나다의 걸 가이드처럼 공정무역이 무엇인지 배우고 체험 활동도 즐겨 보면 어떨까?

공정무역을 가르치는 학교

미국과 캐나다, 유럽에서는 학교도 공정무역 알리기에 앞장서고 있다. 학생과 학부모들이 공정무역이 무엇인지 배울 수 있도록 동아리를 만들

▲ 전 세계 설탕의 40퍼센트는 피지, 벨리즈, 파라과이, 모리셔스, 자메이카에서 나는 사탕수수로 만든다.

▲ 전 세계 코코아의 90퍼센트가 작은 가족 농장에서 일하는 600만 농부들의 손으로 길러진다.

이거 알아?

코트디부아르에서는 20만 명이 넘는 어린이가 일을 한다. 코트디부아르는 전 세계 초콜릿의 72퍼센트를 생산하는데, 어린이 노동자의 대부분이 카카오 농장에서 일한다.

어 지원하고, 학교 매점에서 파는 식품에도 되도록 공정무역 재료를 사용한다.

미국 펜실베이니아에 있는 미디어 초등학교는 미국 최초의 공정무역 학교이다. 5학년부터 공정무역 수업을 받는데, 학생들이 하루 동안 카카오를 기르는 농부가 되어 카카오가 어떻게 자라는지 배우기도 한다. 이런 수업으로 농부가 얼마나 힘들게 일하는지 몸소 느끼다 보면, 자연스레 돕고 싶은 마음이 생기고 농작물의 소중함을 느낄 수밖에 없다.

내 가방 속 공정무역

어느 날 빨래를 걷다가 셔츠 안쪽에 있는 상표를 보았다. 원산지가 멕시코였다. 문득 나머지 옷은 어디에서 왔는지 궁금해졌다. 나는 한참 동안 옷장을 뒤져 일일이 살펴보았다. 내 옷들의 원산지는 인도, 중국, 멕시코, 타이, 온두라스, 타이완, 도미니카 공화국, 포르투갈, 방글라데시, 과테말라, 베트남, 엘살바도르, 아이티, 인도네시아, 필리핀, 홍콩, 에콰도르, 루마니아, 캐나다, 미국이었다. 우리는 이렇게 많은 나라의 사람들과 이어져 있다. 그런데 이 옷을 만든 사람들은 모두 일한 값을 제대로 받고 있을까?

▼ 공정무역을 알리기 위해 거대한 바나나로 변신한 사람들.

미디어 초등학교의 학생들은 공정무역 동아리를 만들고, 학교에서 나눔 장터를 열어 빵을 팔 때 공정무역 재료를 두 가지 이상 사용해서 빵을 굽는다. 그러면서 빵에 넣는 향신료나 설탕을 만든 생산자를 떠올린다.

영국에서는 1,000개가 넘는 학교가 공정무역 재단에 가입했다. 학생들은 공정무역 식품으로 아침 식사를 하자는 캠페인에 따르고 있다. 학교는 공정무역 식품으로 아침 식사를 준비하고, 학생들은 학교에서 아침을 먹는다. 공정무역 동아리도 많은 일을 할 수 있다. 학교 매점에서 공정무역 식품을 안 판다면, 매점에서 팔 만한 공정무역 식품이 무엇인지, 학교 근처에서 구할 수 있는지 알아보고 판매를 제안할 수 있다.

여기는 공정무역 마을

단체나 학교를 넘어서 마을 전체가 공정무역을 시작하기도 한다. 영국 애버레이런에 사는 아이들은 마을에 공정무역을 널리 퍼뜨리기 위해서 적극적인 행동에 나섰다. 아이들은 상점 40군데를 조사했고, 그중 9군데만 공정무역 제품을 판다는 사실을 알아냈다. 또 공정무역 제품 판매에 관심을 가진 곳이 10군데나 된다는 것도 알아냈다. 그 뒤로 이어진 아이들의 끊임없는 탐색과 노력 끝에 애버레이런은 영국에서 1,000번째 공정무역 마을이 되었다.

> **이거 알아?**
> 2000년 4월에 영국의 작은 마을 가스탕은 '세계 최초의 공정무역 마을'이 되었다. 이후 곳곳에서 다양한 공정무역 마을이 생겨났고, 현재는 공정무역 학교와 종교 기관도 있다.

당당하게 요청하자

이처럼 변화는 나와 내 친구들에게서 시작되어 온 마을과 나라로 퍼져 간다. 그리고 이런 변화를 이루는 첫 걸음은 내가 가진 생각을 남에게 말하는 것이다. 우리는 친구나 이웃에게, 혹은 단골 가게 주인에게 공정무역을 권할 수 있다. 옷이나 식료품을 사러 자주 가는 가게에 공정무역 제품을 가져다 놓을 수 있는지 물어보는 것이다. 그 가게가 인터넷 사이트를 운영한다면, 부모님과 함께 공정무역 제품 판매를 요청하는 글을 써서 올릴 수도 있다.

몇 년 전 미국의 한 시민단체는 대대적인 캠페인을 벌였다. 캠페인 내용은 시민들에게 세계적인 커피 체인점 스타벅스가 공정무역 커피를 판매하도록 요청하는 편지를 써 달라는 것이었다. 수

▼ 상점 판매대에 진열되어 있는 다양한 공정무역 커피와 초콜릿. 동네 상점이 공정무역 제품을 팔게 하는 가장 좋은 방법은 주인에게 직접 판매를 요청하는 것이다.

많은 사람들이 편지를 썼고, 결국 스타벅스는 사업 방식을 바꿨다. 현재 스타벅스는 북아메리카에서 가장 큰 공정무역 커피 판매업자다. 이 모든 변화는 사람들이 스타벅스에 일일이 편지를 썼기 때문에 일어났다.

공정무역 축구공이 제일 좋아

캐나다에 사는 로완 니콜라스는 세 살 때부터 축구를 했다. 열세 살 무렵에는 일주일에 반 이상을 축구장에서 보냈고, 리그 경기에도 출전했다. 로완에게 축구는 무척 소중하다! 로완과 축구공은 떼려야 뗄 수 없는 관계다. 그래서 공정무역 축구공이 있다는 걸 알았을 때 로완은 뛸 듯이 기뻤다. 우선 부모님에게 크리스마스 선물로 공정무역 축구공을 사 달라고 했다. 그리고 친구 공을 개가 물어뜯어 못쓰게 되자, 자기 용돈을 모아 친구가 공정무역 축구공을 사는 데 보탰다.

로완과 친구가 늘 공정무역 축구공으로 연습하자 같은 팀 아이들이 왜 그 공으로만 연습하는지 궁금해했다. 로완은 친구들에게 이렇게 말했다. "난 축구가 정말 좋아. 하지만 우리 같은 아이들한테 내 축구공을 만들게 할 수는 없어. 그 아이들은 일 대신 축구를 해야 해."

 공정무역 인형.

함께 만들어 가는 공정한 세상

공정무역 운동은 사람들에게 돈을 더 쓰게 하거나 물건을 더 사게끔 하는 데 초점을 맞추지 않는다. 세계 모든 사람들이 공정하게 대우받도록 하는 데 목적을 둔다. 공정무역은 전 세계 모든 사람들의 환경과 가족, 집이 안전하게 보호받을 권리가 있다는 데에 토대를 둔다. 아이들은 학교에 다니고, 병원에 가고, 깨끗한 물을 마시고, 신선한 음식을 먹고, 신나게 놀 권리가 있다. 모든 부모가 그것을 바란다. 공정무역은 그런 바람을 지켜 가려는 움직임이다. 공정무역을 지지하는 데 반드시 많은 돈을 써야 하는 건 아니다. 공정무역 광고지를 나눠 주거나 공정무역 캐럴을 부르는 것도, 공정무역 티셔츠를 사는 것만큼 세상을 변화시키는 힘이 있다.

공정무역은 우리가 모두 연결되어 있다는 걸 기억하고, 그 연결이 되도록 공정하게 이루어지기를 바라는 사람이라면 누구든 각자의 자리에서 다양한 방식으로 참여할 수 있다.

공정무역을 실천할 색다른 아이디어가 있다면, 친구들에게 널리 알리자. 제품의 생산, 분배, 소비 과정이 공정해지는 방법에 대해 생각하는 사람들이 많을수록 세상은 더욱 살기 좋은 곳이 될 테니까.

▲ 공정무역은 생산자의 가족을 행복하게 만든다.

더불어 사는 지구 71

카카오 농부는 왜 초콜릿을 사 먹지 못할까? – 작은 발걸음 큰 변화 ⑪

처음 펴낸 날 2018년 6월 5일 | **다섯번째 펴낸 날** 2024년 4월 30일
글 카리 존스 | **옮김** 현혜진 | **펴낸이** 이은수 | **편집** 오지명, 김연희 | **북디자인** 원상희
펴낸곳 초록개구리 | **출판등록** 2004년 11월 22일(제300-2004-217호)
주소 서울시 종로구 비봉2길 32, 3동 101호
전화 02-6385-9930 | **팩스** 0303-3443-9930
인스타그램 instagram.com/greenfrog_pub

ISBN 979-11-5782-066-5 74380 | 978-89-956126-1-3(세트)

- 이 도서의 국립중앙도서관 출판시도서목록(CIP)은 서지정보유통지원시스템 홈페이지(http://seoji.nl.go.kr)와 국가자료공동목록시스템(http://www.nl.go.kr/kolisnet)에서 이용하실 수 있습니다.(CIP제어번호: CIP2018015047)

사진 저작권 목록

p2-3 Chemc/Getty Images p6 Michael Pardy p7 (상)Sarine Arslanian/Shutterstock.com (하)Videa p8 Getty Images
p10 Aoife Millea/Cleare Photography p11 Level Ground Trading p13 Meinzahn/Shutterstock.com
p14 Wikipedia.org/Edwin Lord Weeks p15 (상)John Cleveley/Wikimedia.org (하)Nathaniel Dance-Holland/Wikipedia.org
p17 (상)Fredy Thuerig/Shutterstock.com (하)Roza/Dreamstime.com p18 N T Stobbs/Wikipedia.org p19 Lewis Hine/Wikimedia.org
p20 (상)Library of Congress/Wikimedia.org (하)Kari Jones p21 Manfredxy/Shutterstock.com p22 Ugis Riba/Shutterstock.com
p24 Paul Prescott/Dreamstime.com p26 Level Ground Trading p27 Maria Lyons
p28 Habibul Haque/Drikten/Tenthousandvillages.com p29 Level Ground Trading p30 (상)(하)Level Ground Trading
p31 Kari Jones p33 T Photography/Shutterstock.com p35 Level Ground Trading p36 Escamastudio p37 Kari Jones
p38 Kari Jones p39 Suc/Istock.com p41 Snehal Jeevan Pailkar/Shutterstock.com p45 Level Ground Trading
p46 (좌)Ryan Jacobs/Tenthousandvillages.com (우)Joni Kabana/Sabahar
p47 Kari Jones p48 Sophie Joy Mosko/Sabahar p50 (상)Videa p51 (상)Quangpraha/Istock.com (하)Kari Jones
p52 Kari Jones p56 Brooke Becker/Shutterstock.com p57 (상)(하)Joanne Specht p58 Fairtrade Canada
p59 Julie Paul p60 (상)Jens Langen/Divine Chocolate/Tenthousandvillages.com (하)Kari Jones
p61 (상)Level Ground Trading (하)Haak78/Shutterstock.com p62 Kari Jones p63 Fairtrade Canada
p65 Tatjana Splichal/Shutterstock.com p66 Joanne Specht p67 Level Ground Trading